From My Window
De ma fenêtre

Rayne Coshav
Illustrated by Czarina David

www.kidkiddos.com
Copyright ©2024 by KidKiddos Books Ltd.
support@kidkiddos.com

All rights reserved. No part of this book may be reproduced in any form or by any electronic or mechanical means, including information storage and retrieval systems, without written permission from the publisher, except in the case of a reviewer, who may quote brief passages embodied in critical articles or in a review.
First edition

Translated from English by Sophie Troff
Traduit de l'anglais par Sophie Troff

Library and Archives Canada Cataloguing in Publication
From My Window (English French Bilingual edition)/ Rayne Coshav
ISBN: 978-1-5259-9485-2 paperback
ISBN: 978-1-5259-9486-9 hardcover
ISBN: 978-1-5259-9484-5 eBook

Please note that the French and English versions of the story have been written to be as close as possible. However, in some cases they differ in order to accommodate nuances and fluidity of each language.

"I'm so bored!" I yell, lying in bed and staring at the ceiling.
– *Je m'ennuie tellement ! je braille, allongée dans mon lit, fixant le plafond.*

I've had a cold for two days now, so I've just been at home, doing nothing. I wish there was something to do.
J'ai un rhume depuis deux jours, alors je reste à la maison, sans rien faire. J'aimerais bien avoir un truc à faire.

Suddenly, I hear an odd sound – it's coming from outside. It sounds like a person laughing.
Soudain, j'entends un bruit bizarre — ça vient de dehors. On dirait quelqu'un qui rit.

Curious, I get up and look out of the window.
Curieuse, je me lève et je regarde par la fenêtre.

I was right! It is someone laughing! And he's holding a pineapple in his hand!

J'avais raison ! C'est quelqu'un qui rit, et il tient un ananas à la main !

The woman beside him who's wearing a bright colorful dress, also starts laughing loudly.
La femme à côté de lui, qui porte une robe aux couleurs vives, éclate de rire aussi.

I wonder what they're laughing about.
Je me demande ce qui les fait rire.

Maybe one of them told a really funny joke. How interesting...
Peut-être que l'un d'eux a raconté une blague vraiment drôle. Comme c'est intéressant...

At that moment on the other side of the street, a woman bumps into someone else passing by.

À ce moment-là, de l'autre côté de la rue, une femme percute quelqu'un qui passait par là.

"Oh, sorry!" they both say.
– *Oh, pardon ! disent-elles toutes les deux.*

"Sam! It's been so long!" one of them says, and they hug. "I can't believe I'm bumping into you like this!"
– *Sam ! Ça fait tellement longtemps ! dit l'une d'elle, et elles s'étreignent. Je n'arrive pas à croire que je tombe sur toi comme ça !*

I wonder how they know each other. How long has it been since they last met?

Je me demande comment elles se connaissent. À quand remonte leur dernière rencontre ?

Maybe they're cousins. Or old friends.

Ce sont peut-être des cousines. Ou de vieilles amies.

Or maybe they're both aliens from another planet who are pretending to be humans…

Ou ce sont peut-être des extraterrestres venus d'une autre planète qui se font passer pour des humains…

The two sit on a bench and talk for a while.
Elles s'assoient sur un banc et discutent pendant un moment.

After that, I start noticing more things:

Après cela, je commence à remarquer d'autres choses :

A woman feeding ice cream to her dog.
Une femme qui donne de la glace à son chien.

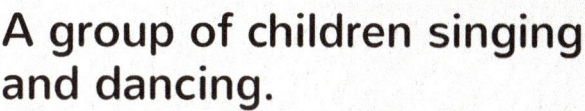

A group of children singing and dancing.
Un groupe d'enfants qui chantent et dansent.

Someone with a purple beard.
Quelqu'un avec une barbe violette.

A cat sleeping on the bench.
Un chat endormi sur un banc.

Two women wearing matching sweaters.
Deux femmes qui portent des t-shirts identiques.

I've never paid attention to these things before.
Je n'ai jamais prêté attention à ces détails avant.

I wonder who these people are.
Je me demande qui sont ces personnes.

What other colors has this person dyed his beard before?

De quelles autres couleurs cette personne a-t-elle déjà teint sa barbe ?

Where did they get those sweaters?

Où ont-elles trouvé ces t-shirts ?

Soon, I find myself starting to make up stories about these passersby.

Bientôt, je me retrouve à inventer des histoires sur ces passants.

Perhaps that man selling flowers grows them himself in his garden.

Peut-être que cet homme qui vend des fleurs les cultive lui-même dans son jardin.

Maybe the person in a top hat and glasses is actually a time traveler who came to deliver an important message.

Peut-être que la personne avec un chapeau haut de forme et des lunettes est en réalité un voyageur du temps venu délivrer un message important.

What if that guy with the purple beard is a famous musician?

Et si ce type à la barbe violette était un musicien célèbre ?

Suddenly the sky gets darker, and some raindrops begin to fall. Everybody is starting to hurry, trying to find cover.

Soudain, le ciel s'assombrit et quelques gouttes de pluie se mettent à tomber. Tout le monde se dépêche, essayant de se mettre à l'abri.

Now that it's raining, there are much less people on the streets. I'm worried I'll have nothing to do again, no one to watch.

Maintenant qu'il pleut, il y a beaucoup moins de monde dans les rues. J'ai peur de n'avoir plus rien à faire, plus personne à observer.

Just as I'm about to close the window, I hear something; "Hurry up!" someone outside yells, giggling.

Au moment où je vais fermer la fenêtre, j'entends quelque chose :
– Dépêche-toi ! crie quelqu'un en rigolant.

I look out and see a boy and a girl running, covering each other with a single coat.

Je regarde dehors et je vois un garçon et une fille qui courent, en s'abritant sous un seul manteau.

A stranger passes by and offers them an umbrella. They decline, I wonder why.

Un inconnu qui passe leur offre un parapluie. Ils refusent, je me demande pourquoi.

Do they like getting soaked in the rain?
Est-ce qu'ils aiment être trempés par la pluie ?

Suddenly the boy runs from under the coat and starts dancing. Dancing! In the rain! How beautiful.
Soudain, le garçon s'échappe de sous le manteau et se met à danser. Danser ! Sous la pluie ! C'est magnifique.

The girl joins in too, they look like they're having so much fun.
La fille se joint à lui, ils ont l'air de beaucoup s'amuser.

I guess interesting things keep happening all the time, even in the rain.
Je me dis qu'il se passe toujours des choses intéressantes, même sous la pluie.

Another person appears now, it's a guy wearing a big garbage bag over his body with holes for his head and arms.
Une autre personne apparaît, c'est un type qui porte un grand sac poubelle sur le corps, avec des trous pour la tête et les bras.

He's carrying a mug, which fills up and overflows with rainwater.
Il tient une tasse qui se remplit et déborde d'eau de pluie.

I wonder why he's doing that.
Je me demande pourquoi il fait cela.

Soon the two who were dancing decide to sit under a tree.

Bientôt, les deux personnes qui dansaient décident de s'asseoir sous un arbre.

It's so calm, just watching the rain and the people coming and going. I never noticed how beautiful this can be.

C'est si paisible de regarder la pluie et les gens qui vont et viennent. Je n'avais jamais remarqué à quel point cela pouvait être beau.

I sit and stare out the window for a little while…

Je m'assois et je regarde par la fenêtre encore un petit moment…

www.ingramcontent.com/pod-product-compliance
Lightning Source LLC
Chambersburg PA
CBHW061142070526
44584CB00033B/4393